Andreas Herrmann

Aachen
Bilder einer Stadt

TERTULLA

Vorwort

Dass dieses Buch mir Freude macht, ist nicht einfach so dahergesagt, weil es ein gefälliger Einleitungssatz ist. Ich habe Aachen vor drei Jahren für mich entdeckt, als ich damit begann, mich in die Geschichte dieser Stadt hineinzuwühlen und sie aufzuschreiben. Dass sich an so einem Ort in den 2000 Jahren seines Bestehens allerhand Faszinierendes und Kurioses angesammelt hat, war vorauszusehen. Nicht vorauszusehen war, dass die Aachener selbst das Buch, das am Ende dabei herausgekommen ist und im November 2007 im Rathaus vorgestellt wurde, so aufnehmen würden, wie sie es getan haben. Nicht vorauszusehen war das Wohlwollen der einheimischen Fachleute gegenüber mir, dem Ortsfremden. Diese erfrischende und ermutigende Offenherzigkeit scheint typisch für Aachen zu sein und hängt wahrscheinlich mit der Lage an einer Grenze zusammen, die, nebenbei gesagt, kaum noch eine ist, glücklicherweise. Und das ist nur eine der vielen faszinierenden Facetten dieses Ortes. Die Stadt Aachen hat es verdient, dass gute Bücher über sie gemacht werden. Ob ich es meinerseits verdient habe, in die lange Reihe der Leute aufgenommen zu werden, die gute Bücher über Aachen gemacht haben, müssen wiederum die beurteilen, die es in die Hand nehmen. Einer hat das auf jeden Fall verdient: Andreas Herrmann.

Der Fotograf, ebenfalls kein Einheimischer, liefert mit diesem Buch eine mitreißende Liebeserklärung an seine Wahlheimat und ihre Bewohner ab. Was für die Ewigkeit gebaut wurde, hat er ebenso festgehalten wie die flüchtigen und farbenfrohen Momente von Straßentheater und Karneval. Aachen strotzt vor Vitalität. Wer das schon weiß, weil er die Stadt kennt, wird sich bestätigt fühlen. Wer es noch nicht weiß, wird schnell merken, was er da verpasst hat und beschließen, dass es höchste Zeit ist, das zu ändern. In historischer Hinsicht ist Aachen unbestritten eine der faszinierendsten Städte in Deutschland. Dass ihre Schönheit in all den Jahrhunderten nicht verblüht ist, davon kann sich auf den folgenden Seiten jeder überzeugen. Ich kann als Verleger nur sagen: Es war mir eine Freude (und auch ein Anliegen), an der Zusammenstellung dieser Bilder mitzuwirken und ein paar Texte beizusteuern.

Michael Römling

ISBN: 978-3-9810710-9-2

1. Auflage 2009

© 2009 Tertulla GbR, Soest

Das Werk ist urheberrechtlich geschützt. Jegliche Vervielfältigung, auch in elektronischer Form, bedarf der schriftlichen Genehmigung des Verlages.

www.tertulla.de

Gestaltung: www.hilbrich-medien.de

Inhalt

Kirchen	6
Architektur	22
Sport	48
Kunst & Kultur	62
Feste	88
Natur	104
Wasser	126

Kirchen

Das Kirchenleben in Aachen war jahrhundertelang durch das übermächtige Marienstift geprägt, den heutigen Dom, dessen Geistlichkeit lange Zeit erfolgreich verhinderte, dass unabhängige Pfarrkirchen ihr die Einnahmen streitig machten. Zwar gab es mit dem Adalbertsstift und der Abtei in Burtscheid seit der Jahrtausendwende neben ungezählten Kapellen auch zwei größere geistliche Einrichtungen, zwar wurde um 1200 mit Sankt Foillan eine neue Pfarrkirche errichtet, um die seelsorgerische Betreuung der wachsenden Einwohnerschaft zu gewährleisten, doch die einstige Pfalzkapelle Karls des Großen blieb noch für Jahrhunderte die alles beherrschende kirchliche Einrichtung in der Stadt. Neben den vielen Privilegien, die dem Stift vor allem von den hier gekrönten deutschen Königen gewährt wurden, unterstrichen auch die seit dem Spätmittelalter im siebenjährigen Turnus stattfindenden Wallfahrten die Bedeutung der Marienkirche als dominierende geistliche Instanz in Aachen.

Als solche konnte sie auch die Reformation überleben: Nach turbulenten Jahrzehnten wurde Aachen 1614 mit Hilfe spanischer Truppen rekatholisiert – so konsequent, dass ein frustrierter Protestant noch 1793 schrieb: „Sie steckten auch lieber die Stadt in Brand, als dass sie uns einen Platz zu einer Kirche einräumten." Kurz darauf kam die Religionsfreiheit dann doch, und dass die Zeiten dabei waren, sich zu ändern, zeigt auch die Tatsache, dass der erste Aachener Bischof Berdolet den Protestanten 1802 zur Einweihung ihres Gotteshauses gratulierte. Inzwischen hat ein vollständiger Paradigmenwechsel von der Gegnerschaft zum Dialog stattgefunden, der neben Christen auch andere Religionsgemeinschaften einschließt: Seit 1862 gibt es eine (1938 zerstörte und 1995 wieder errichtete) Synagoge und seit 1968 eine Moschee in Aachen.

Der Aachener Dom ist das erste deutsche Baudenkmal, das von der UNESCO zum Weltkulturerbe erhoben wurde. Das war 1978. In der Tat verdichtet sich hier das Erbe eines ganzen Kontinents in einzigartiger Weise: Der zentrale Achteckbau ist eine in ganz Nordeuropa einzigartige architektonische Meisterleistung, die sich wahrscheinlich an byzantinischen Vorbildern orientiert. Leider ist von der 1200 Jahre alten Bausubstanz durch die vielen Anbauten kaum noch etwas zu sehen. Andererseits sind auch diese Anbauten, allen voran der gotische Chor, wiederum eigenständige Kunstwerke, die den karolingischen Komplex zwar verfälschen, aber eben auch bereichern. Nicht weniger erlesen ist die Ausstattung: Neben dem (höchstwahrscheinlich echten) Thron Karls des Großen gehören zwei goldene Reliquienschreine (einer davon enthält die sterblichen Überreste des Frankenkaisers, der andere die so genannten vier großen Aachener Heiligtümer), ein von Friedrich Barbarossa gestifteter Radleuchter und eine im Auftrag Heinrichs II. hergestellte goldene Kanzel zu den Schätzen der Kirche und dienten bis ins 16. Jahrhundert hinein als Requisiten bei der Krönung von rund 30 deutschen Königen.

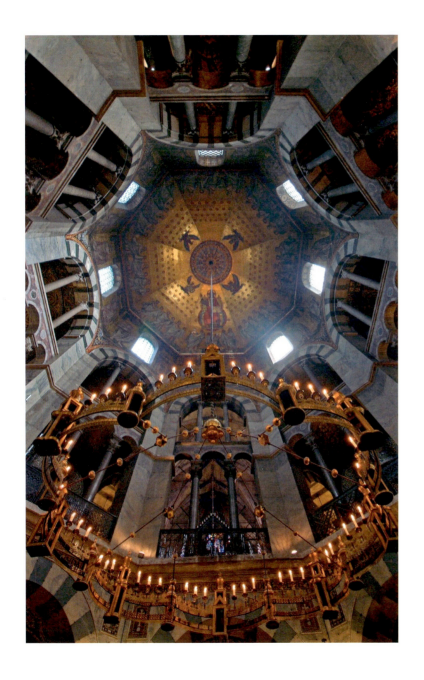
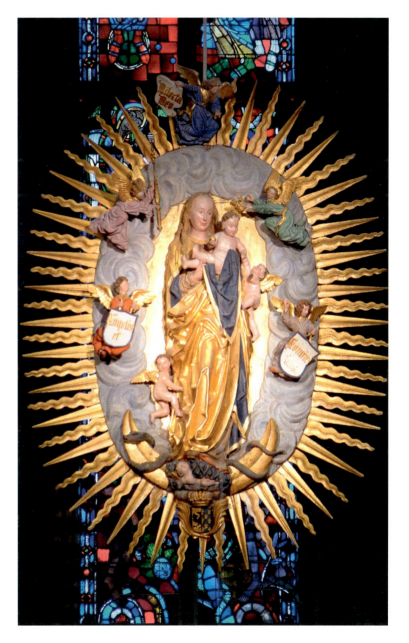

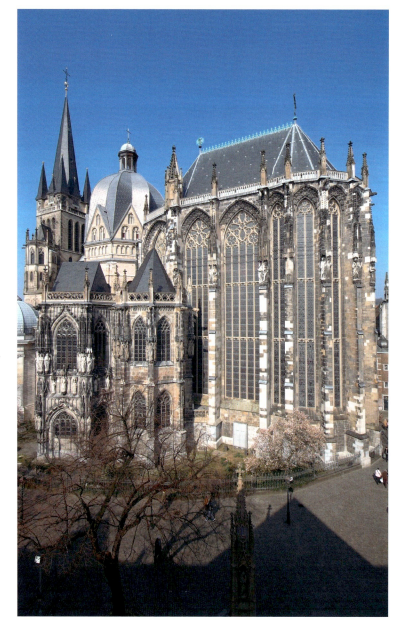

Die 1898 fertiggestellte neugotische Josefskirche steht mitten in einem ehemaligen Arbeiterviertel im Osten von Aachen. Inzwischen wird sie nach ihrer Umgestaltung durch den Aachener Architekten Ulrich Hahn als Columbarium für Urnenbeisetzungen genutzt.

◄ Die Jakobskirche mit ihrem 87 Meter hohen Turm – dem höchsten der ganzen Stadt – hat eine für Aachen typische Entwicklung hinter sich. Im späten Hochmittelalter stieg sie von einer kleinen Kapelle außerhalb der Barbarossamauer zur Pfarrkirche auf, nachdem die Aachener sich 1260 beim Papst darüber beschwert hatten, dass außerhalb der Stadtmauer lebende Gemeindemitglieder im Notfall wegen der verschlossenen Stadttore nachts nicht zur Spendung der Sakramente eilen konnten. Das Stift gab nach, verweigerte der Kirche aber noch lange das Taufrecht. Nachdem die mittelalterliche Kirche baufällig geworden war, errichtete man ab 1877 den heute bestehenden Neubau unter Verwendung der Steine der alten Kirche und der Reste der nahe gelegenen Stadtmauer.

◀
Seit einigen Jahren öffnen sich eine Reihe von Kirchen der Stadt unter dem Stichwort „Nacht der offenen Kirchen" den Aachenern auch in der Nacht. Das Programm ist breit gestreut. Veranstaltungen mit religiösem Charakter finden neben Lesungen, Ausstellungen, Konzerten, Tanz und Kabarett statt.

Architektur

Die Bausubstanz der Stadt Aachen ist wie ein alter Teppich, der über 2000 Jahre lang mit immer neuen Flicken besetzt wurde. Das Grundmuster wurde dabei durch die römische Bädersiedlung mit ihren rechtwinkligen Straßenverläufen vorgegeben, die sich vor allem im Bereich der Jakobstraße auf dem Stadtplan noch erkennen lassen. Als Karl der Große seine Residenz hier errichtete, wurde über dieses Raster ein zweites mit Nord-Süd-Ausrichtung gestülpt, das den Stadtgrundriss bis heute bestimmt und dessen wichtigste Achse vom Dom über den Katschhof zum Rathaus verläuft. Und schließlich drückten die beiden innerhalb von zwei Jahrhunderten errichteten mittelalterlichen Mauerringe der Stadt ihren Stempel auf. Innerhalb dieses Rahmens, den die Stadt erst sechs Jahrhunderte später zu sprengen begann, wuchs Aachen heran. Ein verheerender Brand vernichtete im Jahr 1656 fast die gesamte Bausubstanz und schuf Platz für repräsentative Neubauten, die durch den Aufschwung des Kurbetriebs mit seinen zahlungskräftigen Gästen befördert wurden und Namen von Aachener Architekten wie Mefferdatis und Couven bekannt machten.

Nachdem die Bombenangriffe des letzten Krieges zum zweiten Mal einen schmerzhaften Kahlschlag verursacht hatten, sorgte der anschließende Aufschwung besonders durch das Wachstum der Sektoren Verwaltung, Bildung und Technologie für stetigen Ausbau und Umbau. Nicht alles, was nach dem Krieg aus dem Boden gestampft wurde, findet heute noch Gefallen. Lebensqualität (die sich auch auf die Arbeitsbedingungen erstreckt) als umfassender Bewertungsmaßstab ist seit einigen Jahrzehnten zunehmend ins Bewusstsein von Stadtplanern und Architekten gerückt und hat das kurzsichtige Zweckmäßigkeitsdenken verdrängt. Gleichzeitig wurde die Innenstadt mit dem, was der Krieg von ihrer alten Bausubstanz übrig gelassen hat, erheblich aufgewertet, so dass die Aachener Architktur wie die anderer Städte auch sich inzwischen vor allem daran messen lassen muss, wie gut sie Altes und Neues in harmonischen Einklang zu bringen versteht.

Nichts zeigt das rasante Wachstum der Stadt im Mittelalter deutlicher als die Tatsache, dass die in der zweiten Hälfte des 12. Jahrhunderts errichtete Barbarossamauer schon nach weniger als einem Jahrhundert erweitert wurde, und zwar nicht nur durch ein paar Anbauten, sondern durch einen vollständig neuen Mauerring, der die eingefriedete Fläche vervierfachte. Beide Stadtmauern sind auf dem Stadtplan immer noch auf einen Blick erkennbar – die innere an den Grabenstraßen, die äußere an einem fast kreisrunden Straßenring, der vom Bahnhof über Junkerstraße, Turmstraße, Pontwall, Ludwigsallee, Monheimsallee, Heinrichsallee und Wilhelmsstraße führt. Bis auf einige Mauertürme und zwei Tore (Ponttor und Marschiertor) ist von der imposanten Verteidigungsanlage einer der größten Städte des Heiligen Römischen Reiches Deutscher Nation fast nichts geblieben.

Das Aachener Rathaus erhebt sich an historischer Stätte: Es steht auf den Grundmauern der Königshalle Karls des Großen im Nordflügel von dessen Pfalzanlage. Heute wird von hier aus Aachen regiert. Vor 1200 Jahren war diese 44 Meter lange Halle das Machtzentrum Europas. Wo heute Ratsherren und Reporter ein und aus gehen, gaben sich damals königliche Boten, Grafen, Bischöfe und Äbte die Klinke in die Hand; ab und zu machten auswärtige Gesandtschaften ihre Aufwartung bis hin zu mehreren Delegationen des Kalifen von Bagdad, der Karl einmal sogar einen weißen Elefanten schickte. In seiner heutigen Gestalt wurde das Rathaus auf den Ruinen der alten Königshalle um 1340 errichtet. Seitdem dient es dem Rat als Versammlungsort, der anlässlich der Königskrönungen auch als Gastgeber für das große Festessen fungierte.

◄
Das Gebäude, in dem heute das Couven-Museum untergebracht ist, wurde 1786 von dem Aachener Architekten Jakob Couven durch den Umbau einer ehemaligen Apotheke errichtet. Couven war der Sohn des berühmten Barockbaumeisters Johann Josef Couven, der der Stadt in der Zeit des großen Kurbooms seinen Stempel aufgedrückt hatte. Heute zeigt das Museum schwerpunktmäßig Exponate zur Wohnkultur zwischen Rokoko und Biedermeier. Außerdem ist hier die Einrichtung der Apotheke zu sehen, die das Gebäude einst beherbergte.

Das Glücksspiel hat in Aachen eine große Tradition, die in die Zeit des barocken Kurbetriebs zurückreicht. Da viele der Kurgäste keineswegs nur wegen des heilsamen Quellwassers nach Aachen kamen, sondern wegen der Aussicht auf mehr oder weniger verbotene Vergnügungen, blühte das Spiel hier schon im 18. Jahrhundert und trug gerade deshalb zur Attraktivität des Ortes bei, weil es anderswo verboten war. Nachdem die Stadt 1764 eine eigene Spielbank eröffnet hatte, verdiente sie an der Verschwendungssucht ihrer Gäste kräftig mit: „Ein Spieler hat hier das Vergnügen, sich auf die Art zu ruinieren, die ihm am besten gefällt" – so brachte ein französischer Aristokrat die Sache einige Jahre später auf den Punkt. Inzwischen werden im Aachener Casino neben Roulette, Black Jack und Poker vor allem Automatenspiele angeboten.

◀ Der Elisenbrunnen, benannt nach einer bayerischen Kronprinzessin, ist eins von Aachens beliebtesten und bekanntesten Bauwerken. Der Entwurf stammte vom Berliner Stararchitekten Karl Friedrich Schinkel und wurde vom Aachener Architekten und Landesbauinspektor Johann Peter Cremer vollendet. Wie der Name schon andeutet, handelt es sich um die repräsentative Einfassung eines Thermalwasserbrunnens für die Kurgäste. Das 52 °C warme Wasser sprudelt hier noch heute im wahrsten Sinne des Wortes direkt aus der Quelle.

Monströs, aber zweckmäßig, originell, aber durchdacht: Das 1985 fertiggestellte Aachener Universitätsklinikum ist der größte zusammenhängende Klinikbau Europas. Durch das farblich und geometrisch wüste Leitungsgewirr auf seiner Außenhaut wirkt es ein bisschen wie eine Raumstation aus einem Science-Fiction-Film der 80er Jahre. Doch auch damit ist es schon Geschichte: 2008 wurde das Gebäude unter Denkmalschutz gestellt, weil es nach den Worten von Regierungspräsident Lindlar „bauhistorisch gesehen in einer Reihe mit dem Centre Pompidou in Paris oder dem Lloyds-Gebäude in London steht."

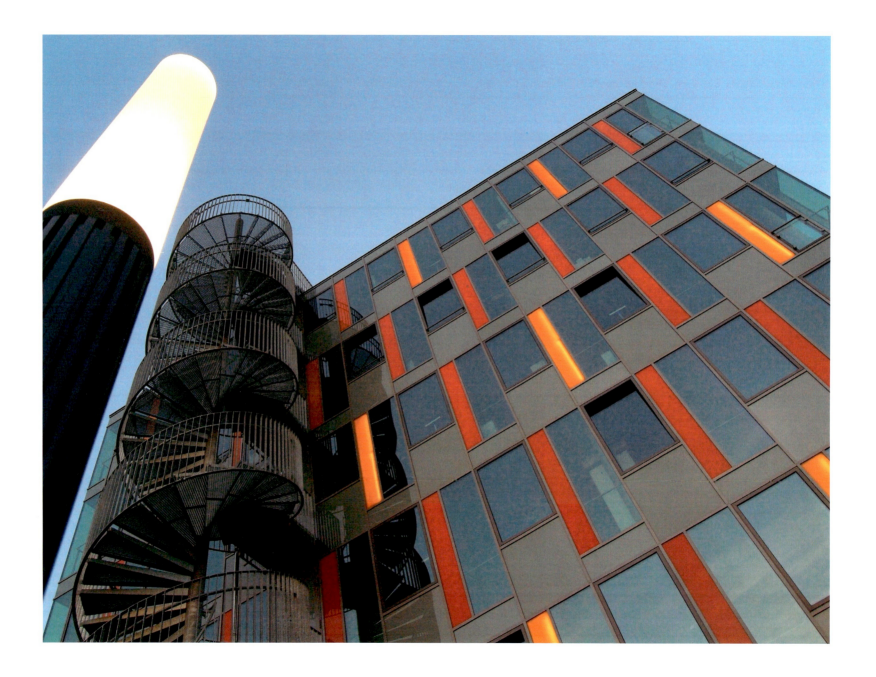

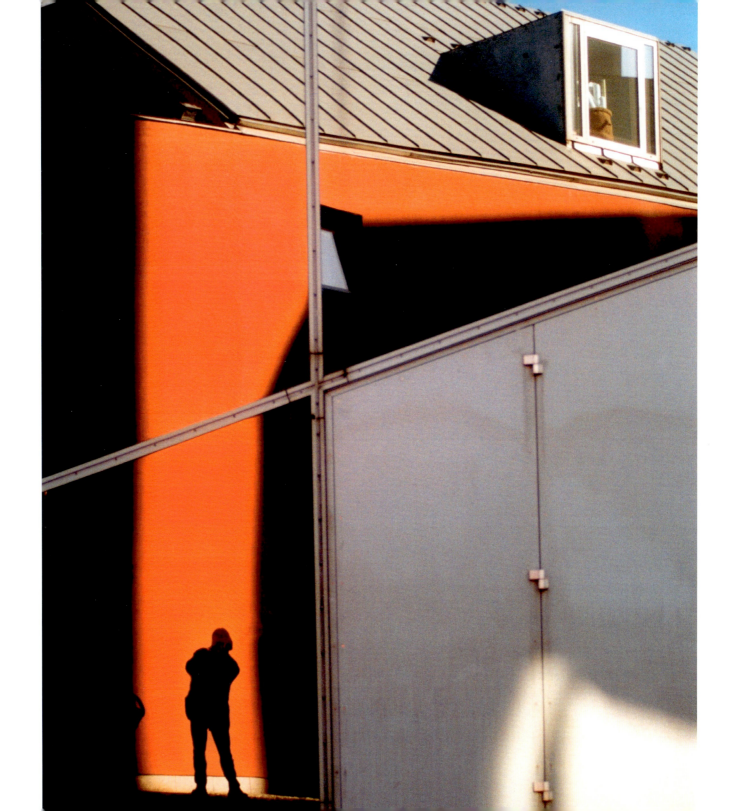

Die Aachener Synagoge steht seit 1995 an der Stelle, wo der 1862 errichtete Vorgängerbau im Jahr 1938 von den Nationalsozialisten verwüstet und anschließend abgerissen wurde. Vor dem Neubau erinnert ein Denkmal an die Ereignisse, die kurz darauf in den organisierten Massenmord mündeten. Inzwischen ist die Gemeinde, die ab 1957 in einem provisorischen Bau in der Oppenhoffallee untergebracht war, wieder auf fast 1500 Köpfe angewachsen. Um den Dialog zwischen den Religionen kümmert sich eine Gesellschaft für christlich-jüdische Zusammenarbeit.

Sport

Wer von Aachen nichts weiß, denkt beim Thema Sport in einem traditionsreichen Kurort zuerst unwillkürlich an Bewegungsbäder und Koronarsport. Wer von Aachen wenig weiß, dem wird immerhin einfallen, dass es hier das weltgrößte Reitturnier und eine Fußballmannschaft gibt, die 2006 zumindest für eine Saison in die Erste Bundesliga aufsteigen konnte. Und wer sich besser auskennt, könnte erzählen, dass Aachener Vereine auch im Volleyball, Tennis Judo und Tanzen in der obersten Liga mitspielen.

Aber Sport ist ja nicht nur zum Zuschauen da: Da Aachen vor allem wegen der Universität eine eher junge Stadt ist, wird so ziemlich alles angeboten. Mehr als 50 000 Sportler sind in 210 Aachener Vereinen organisiert und zeigen ihre Leistungen auch gerne mal in spektakulären Veranstaltungen vor der Kulisse der historischen Altstadt.

CHIO steht für *Concours Hippique International Officiel*, und weil „Concours" männlich ist, heißt es der und nicht das CHIO, wie viele Auswärtige glauben. 1924 wurde das Turnier zum ersten Mal auf der Soers ausgetragen, Ausrichter war damals wie heute der Aachen-Laurensberger Rennverein. Der ungarisch-amerikanische Springtrainer Bertalan de Némethy schwärmte schon in den 60er Jahren: „Man hat den Eindruck, wenn man Bewohner von Aachen trifft, dass alle nur für das Turnier da sind, angefangen beim Zollbeamten, beendet beim Friseur. Man muss nach Aachen gehen, wenn man reitet." Inzwischen wird die Veranstaltung offiziell als Weltfest des Pferdesports bezeichnet und dieser Name trifft den Charakter des CHIO ganz gut, denn erstens wird hier nicht nur geritten und gesprungen, sondern auch gefahren, zweitens ist es ein durch und durch internationales Turnier und drittens in der Tat auch ein Fest mit mittlerweile 360 000 Teilnehmern.

Wie in vielen anderen Städten auch, gibt es in Aachen alljährlich einen Silvesterlauf mit – je nach Wetter – zwischen 2000 und 3000 Teilnehmern aus aller Welt und doppelt so vielen Zuschauern. Während es hier den meisten Sportlern vor allem ums Mitmachen geht, zieht das Domspringen einen kleinen Kreis von Athleten an, die das Publikum vor der einzigartigen Kulisse des Doms zu Begeisterunsstürmen und La-Ola-Wellen hinreißen.

Die 1900 gegründete Alemannia Aachen ist mit knapp 10 000 Mitgliedern der mit Abstand größte Sportverein in Aachen. Die Profi-Fußballmannschaft stand dreimal im DFB-Pokalfinale und schaffte zweimal den Aufstieg in die Bundesliga, der allerdings Episode blieb. Seit 1908 finden die Spiele auf dem ehemaligen Landgut Tivoli statt, auf dem 1925 das erste Stadion eingeweiht wurde. Seit August 2009 wird im neuen Stadion mit fast 33 000 Plätzen gespielt. Damit ist der Verein für den Wiederaufstieg in die Erste Liga gerüstet.

Kunst & Kultur

Wenn man die historischen Anekdoten schätzt, dann könnte man den Aachener Kulturbetrieb in eine Tradition stellen, die 1200 Jahre zurückreicht – in die Zeit, in der der Hof Karls des Großen ein Gelehrtentreff war, an dem nichts weniger betrieben wurde als die geistige und kulturelle Erneuerung des Abendlandes, die als Karolingische Renaissance in die Geschichte eingegangen ist. Auf den Punkt gebracht: In Aachen wurden die Weichen für die kulturelle Entwicklung eines ganzen Kontinents gestellt. Heute kommen diese Impulse von überall. Doch schon der Karlspreis erinnert daran, dass die Förderung der kulturelle Grundlage des friedlichen Zusammenlebens auf dem Kontinent ein ernst gemeintes Anliegen dieser Stadt ist.

Heute ist dieser Kulturbetrieb wie in allen Städten, die etwas auf sich halten, so facettenreich, dass er kaum in ein paar Sätzen zusammengefasst werden kann. Er wird organisiert von Institutionen wie Museen, Galerien und Theatern, gefördert durch hochkarätige Auszeichnungen und lebt von Veranstaltungen, deren Bandbreite von klassischen Konzerten bis hin zum Straßentheater reicht. Das bis dahin eher konservative Kunstverständnis der Aachener wurde 1964 mit dem legendären und chaotischen Fluxus-Happening zuerst auf die Probe und dann auf eine neue Grundlage gestellt. Das Ereignis wurde schon als „das wichtigste Datum für Aachens Kulturszene" bezeichnet. Seitdem sind neue Einrichtungen dazugekommen, allen voran das Ludwig Forum für Internationale Kunst.

◀ Das Stadttheater Aachen wurde zusammen mit dem Elisenbrunnen nach Plänen der Architekten Karl Friedrich Schinkel und Johann Peter Cremer erbaut und 1825 eingeweiht. Die Aufführungen finden inzwischen längst nicht mehr nur in dem traditionsreichen Haus statt, sondern auch im eher familiären und vielseitigen „Mörgens" oder da, wo sie gerade hinpassen.

▶ Das Das-Da-Theater in der Liebigstraße ist die Erfolgsgeschichte eines Ensembles, das es innerhalb von zwei Jahrzehnten geschafft hat, zu einer Institution zu werden. Im Sommer finden die Aufführungen in der Burg Frankenberg statt.

„Wir erlauben uns nun, den Vorschlag zu unterbreiten, einen jährlich zu verleihenden internationalen Preis zu stiften für den wertvollsten Beitrag im Dienste westeuropäischer Verständigung und Gemeinschaftsarbeit und im Dienste der Humanität und des Weltfriedens. Der Beitrag kann auf literarischem, wissenschaftlichem, wirtschaftlichem und politischem Gebiet geleistet sein." In dieser Forderung gipfelte ein Vortrag des Aachener Textilkaufmanns Kurt Pfeiffer im Dezember 1949. Schon im folgenden Mai wurde die Auszeichnung für Personen, die sich um die europäische Einigung verdient gemacht haben, das erste Mal vergeben. Die historische Entwicklung in Europa hat dem Initiator und seinen Mitstreitern in einer Weise Recht gegeben, wie sie es wohl selbst kaum zu träumen gewagt hätten. Inzwischen ist die Verleihung des Internationalen Karlspreises zu Aachen, wie er mittlerweile heißt, zu einer in ganz Europa beachteten Veranstaltung geworden – der Beitrag einer Stadt, die wie kaum eine andere für die Hoffnung und die Gewissheit steht, dass Europa mehr ist als nur ein Kontinent.

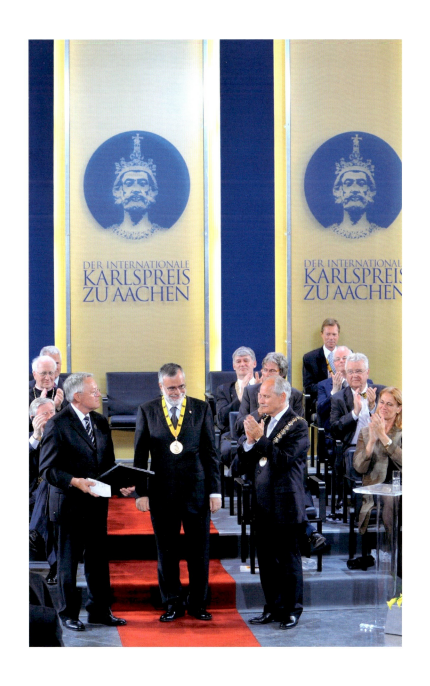

Mehr als in anderen Städten scheinen Denkmäler in Aachen nicht nur an die großen Persönlichkeiten zu erinnern, sondern auch an die namenlosen Helden des Alltags oder Gestalten aus örtlichen Legenden. Zu letzteren gehört das „Bahkauf" – zu übersetzen mit „Bachkalb" – ein Untier, das der Sage nach in der Nacht auf die Schultern von Betrunkenen sprang, um ihnen den ohnehin schon beschwerlichen Heimweg noch schwerer zu machen. Angeblich handelte es sich dabei um einen Straßenräuber, der erst enttarnt wurde, als er sich mit einem Schmied anlegte, der sich von dem Spuk nicht einschüchtern ließ und das Bahkauf kräftig versohlte.

Auch dem Teufel wurde in Aachen ein Denkmal gesetzt – allerdings geht die zugehörige Legende nicht gerade schmeichelhaft für den Satan aus: Angeblich war der unterwegs nach Aachen, um die Stadt, die seine Hilfe beim Dombau in Anspruch genommen, ihn dann aber um die als Gegenleistung versprochene Seele betrogen hatte, unter einem Berg Sand zu verschütten. Er machte sich mit seinem Sandsack auf den Weg und als er, ohne es zu merken, schon fast angekommen war, fragte er eine ihm entgegenkommende Marktfrau nach dem Weg. Die schlaue Bäuerin hatte schon gemerkt, wen sie vor sich hatte und zeigte auf ihre zerschlissenen Schuhe: Sie komme gerade von Aachen und habe dort neue Schuhe gekauft, aber der Weg sei so weit, dass sie ihre Schuhe bis hierher vom Laufen schon völlig ruiniert habe. Das entmutigte den Leibhaftigen so sehr, dass er den Sack auf den Boden warf und sich trollte. Was blieb, war ein Haufen Sand, der heute als Lousberg bekannt ist. Ach ja: Und das Denkmal, das die Aachener Bildhauerin Christa Löneke-Kemmerling 1985 schuf.

◀ Das Suermondt-Ludwig-Museum geht auf eine Stiftung des Industriellen und Kunstsammlers Barthold Suermondt aus dem Jahr 1883 zurück, die 1901 in das Palais an der Wilhelmstraße zog. Seitdem wurde die Sammlung durch immer neue private Schenkungen erweitert, und 1977 bekam das Museum seinen Doppelnamen durch die Verbindung mit einer Stiftung des Aachener Sammler-Ehepaars Irene und Peter Ludwig.

▶ Das Printenmädchen hat allen Grund, glücklich in die Welt zu schauen: Mit der berühmten Aachener Delikatesse im Arm ist gut lachen. Die ersten Printen wurden wahrscheinlich vor 1000 Jahren in Dinant gebacken und von dort aus in Aachen eingeführt, von wo aus sie inzwischen in verschiedenen Formen und Geschmacksnuancen in die ganze Welt exportiert werden.

Feste

Dass die Rheinländer gerne feiern, ist so oft gesagt worden, dass es nicht wiederholt werden muss. Und wie überall denkt man auch hier vor allem an den Karneval, wenn vom Feiern die Rede ist. 1829 gründete Clemens August Hecker in Aachen mit der Florresei den ersten Karnevalsverein, und im folgenden Jahr rollte der erste Karnevalsumzug durch die Stadt. Bereits ein Jahr später wurde das Spektakel von der Polizei schon wieder verboten – zu gefährlich erschienen den Preußen, denen Aachen kurz zuvor zugefallen war, die Umtriebe in den unruhigen Zeiten nach 1830. Doch auch durch die Einschränkungen der folgenden Jahre war der Karneval nicht kleinzukriegen: Die Stadtgarde Oecher Penn von 1857 und der AKV von 1859 existieren neben einer ganzen Reihe nach und nach gegründeter Vereine, Komitees und Gesellschaften immer noch.

Neben dem Karneval hat der Aachener Festkalender noch weitere Termine für Veranstaltungen aufzuweisen, die zwar auf den ersten Blick ebenfalls auch in anderen Städten zu finden sind, hier aber vor allem vor der historischen Kulisse ein unverwechselbares Lokalkolorit bekommen: Der Öcher Bend, ein seit dem Spätmittelalter belegtes Volksfest. Oder der Weihnachtsmarkt vor dem Rathaus.

Der Karneval spielt sich in Form von Umzügen auf der Straße und in den Sitzungen der Gesellschaften ab. Und auch in diesem Rahmen hat Aachen, in diesem Fall der traditionsreiche AKV, innerhalb des karnevalistischen Gesamtprogramms einen inzwischen in ganz Deutschland bekannten Preis zu vergeben: den Orden wider den tierischen Ernst. Ordensritter sind Persönlichkeiten wie Konrad Adenauer, Helmut Schmidt, Hans Dietrich Genscher und Mario Adorf.

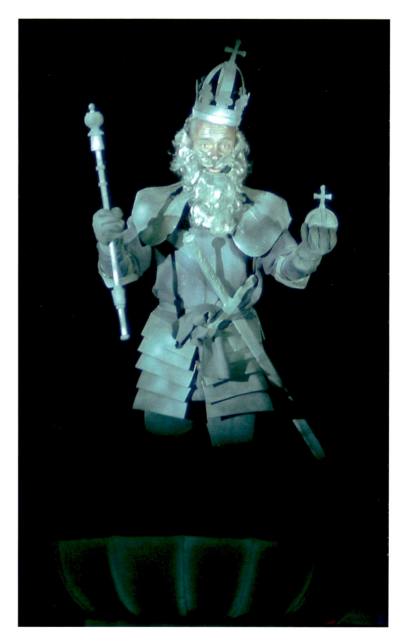

◄ Das Karlsfest ist die erste größere Feier des Jahres und erinnert an den Todestag Karls des Großen im Januar 814. Neben zahlreichen kulinarischen Attraktionen kann bei dieser Gelegenheit auch das Rathaus kostenlos besichtigt werden.

Natur

Aachen liegt in einer uralten und seit der Römerzeit dicht besiedelten Kulturlandschaft. Da die Stadt aber nicht wie andere Ballungsräume mit der Industrialisierung und der damit einhergehenden Bevölkerungsexplosion ins Uferlose gewachsen ist, kommt man hier schnell ins Grüne, das nicht nur landschaftliche, sondern eben auch historische und kulturelle Attraktionen zu bieten hat.

Und dabei kann es schnell passieren, dass man, ohne es richtig mitzubekommen, das Land verlässt, denn direkt hinter der Stadtgrenze beginnt das europäische Ausland – der so genannte Dreiländerpunkt ist die Stelle, an der Deutschland, Belgien und die Niederlande aufeinanderstoßen, oder besser gesagt: ineinander übergehen, denn davon, dass hier früher eine Trennlinie verlief, ist kaum noch etwas zu merken – es sei denn, man kreuzt den Westwall, der kurz vor dem Zweiten Weltkrieg auf deutscher Seite im wahrsten Sinn des Wortes aus dem Boden gestampft wurde, sich heute wie ein graues Band durch das weite schöne Land zieht und zum Glück nichts Trennendes mehr hat.

Um 1800 setzte sich aus hygienischen Gründen die Ansicht durch, dass Bestattungen vor den Toren der Stadt zu erfolgen hatten. In Aachen trat eine entsprechende Regelung 1805 in Kraft; schon zwei Jahre zuvor war mit dem Ostfriedhof vor dem Adalbertstor eine Anlage zur Beisetzung der Verstorbenen eingerichtet worden, auf der im Lauf der Jahre so manche prominente Aachener Persönlichkeit ihre letzte Ruhe fand. Inzwischen hat sich ein Förderkreis zur Pflege der wertvollen Zeitzeugen aus Stein gebildet.

Schloss Rahe ist eigentlich gar kein Schloss, sondern ein befestigter Gutshof aus dem späten Mittelalter, der seine heutige Gestalt erst im späten 18. Jahrhundert erhielt, nachdem der Aachener Ratsherr Gerhard Heusch das Anwesen gekauft hatte. Während des Aachener Kongresses im Herbst 1818 residierte hier der russische Zar Alexander. Anschließend wechselte das Schloss mehrmals den Besitzer. Inzwischen kann man hier Räume für Büros oder auch für Feiern mieten

Seit 1966 hat Aachen einen eigenen Tierpark – den Euregiozoo im Drimborner Wäldchen, der, wie der Name schon sagt, auch Tierfreunde von der anderen Seite der Grenze anlocken soll. Insgesamt kann man hier 1200 Tiere und einen römischen Sarkophag besichtigen.

▶ Die an archäologischen Kleinodien ohnehin nicht arme Aachener Gegend hat neben römischen Villen und Wasserleitungen mit dem Westwall noch einen ganz besonders kuriosen steinernen Zeugen der Vergangenheit vor ihren Toren: Ab dem Frühjahr 1938 wurde im Westen der Stadt eine Verteidigungsanlage angelegt, die sich über 400 Kilometer an der deutschen Westgrenze entlang zog. Den amerikanischen Panzern, die im Herbst 1944 einfach über ihn hinwegwalzten, trotzte der Westwall kaum, dafür um so mehr allen späteren Bestrebungen, ihn zu entfernen. Und so zieht sich auch heute noch ein schmales Höckerband durch die Grenzlandschaft westlich von Aachen, mal versteckt unter Bäumen, mal offen im Feld, wie ein stacheliger Laufteppich aus Beton, den jemand irgendwann hier ausgerollt und dann nicht wieder mitgenommen hat.

▶ 1819 wurde in der Nähe von Inden zum ersten Mal Braunkohle entdeckt. Auch wenn die Produktion ihren Höhepunkt inzwischen überschritten hat und ein Ende in zwei bis drei Jahrzehnten in Sicht ist, rollen die Bagger auch weiterhin durch das aufgerissene Land. In ökologischer und archäologischer Hinsicht tut der Tagebau dem Land nicht gerade einen Gefallen. Und auch die spätere Nutzung der abgeräumten Reviere birgt noch jede Menge Zündstoff.

Wasser

Ohne Wasser kein Aachen. Aus über 3000 Metern Tiefe sprudelt es hier seit eh und je dampfend und mineralhaltig aus der Erde und half schon den römischen Veteranen der niedergermanischen Legionen bei der Genesung. Nach einer ersten Blütezeit als Militärbad der Kaiserzeit ging es mit Aachen ein paar Jahrhunderte später endgültig steil bergauf, als Karl der Große seine Vorliebe für Thermalkuren entdeckte. Die letzten beiden Jahrzehnte seines Lebens verbrachte der Frankenkaiser fast ausschließlich hier, in Aachen starb er auch und in Aachen wurde er begraben. Sein Erbe wog derart schwer, dass Aachen seit Otto dem Großen fast sechshundert Jahre lang die Krönungsstadt der deutschen Könige blieb. Und als die Krönungen nach Frankfurt verlegt wurden, war es wieder das Wasser, das Aachen davor bewahrte, zur bedeutungslosen Provinzstadt herabzusinken: Ab dem 17. Jahrhundert begann die betuchte Gesellschaft Europas die Stadt des großen Karl als Kurort für sich zu entdecken. In der „Residenz Karls des Großen und aller Hypochonder", wie Friedrich der Große sie einmal nannte, lockten amouröse Vergnügungen bald mindestens genauso wie die Aussicht auf Heilung von Zipperlein und Gebrechen.

Burtscheid, wo kurz vor der Jahrtausendwende auf Wunsch von Kaiser Otto III. ein Kloster entstand, mauserte sich im langen Schatten von Aachen zu einem eigenen Badeort, auf den die Gesellschaft der Rokokozeit immer dann gerne auswich, wenn die frivolen Amüsements in Aachen selbst allzu strenger obrigkeitlicher Kontrolle unterworfen wurden. Die schwefelhaltigen Quellen in Burtscheid sind die heißesten in Mitteleuropa.

Eine Stadt der Brunnen und Bäder ist Aachen bis heute geblieben, obwohl die meisten der im Zweiten Weltkrieg zerstörten Bäder nicht wieder aufgebaut wurden und der Betrieb in der Innenstadt seit 1996 ruht. Fünf Jahre später wurde mit der Carolus-Therme neben dem Stadtgarten eine neue Anlage eröffnet, mit der die kurzzeitig unterbrochene Tradition der Aachener Thermalkuren wieder aufgenommen wurde. Und auch an Trinkbrunnen steht das Wasser in Aachen und auch in Burtscheid nach wie vor zur Verfügung.